I0486874

Fabio Leandro Macheda

GUIDA PRATICA ALL'UTILIZZO DI REAL PLAYER SP

Gestione di files multimediali

Sommario

Introduzione

 In questa guida illustreremo l'utilizzo di Real Player SP®, un ottimo e diffusissimo software per la gestione e la riproduzione di file multimediali. Oltre alle due funzioni di cui sopra, Real Player può essere utilizzato per convertire tracce audio e video in diversi formati, scaricare video dal web, editare tracce audio e video, condividere audio e video su Facebook® e altri famosi social network e masterizzare CD audio e CD video in formato VCD.

Organizzazione e finalità dell'opera

La guida ha carattere prettamente tecnico – pratico. Essa vuole essere un valido aiuto verso l'utente che si approccia per la prima volta al software Real Player SP®. Per quanto è stato possibile si è cercato di utilizzare un linguaggio chiaro ed accessibile anche a chi si è affacciato da poco nel mondo dell'informatica. La guida fa esplicito riferimento alla versione 1.1.5 del software Real Player SP® per Windows 7®. Tuttavia, le procedure illustrate, seppur con minime variazioni, sono applicabili a tutte le versioni della release Real Player SP® 1.x.x installate su un qualsiasi sistema operativo Microsoft Windows®. La successione dei capitoli in cui è strutturata l'opera guiderà il lettore a scoprire gradualmente ed in maniera lineare l'utilizzo del software. Partendo dalla fase di download e scaricamento dello stesso, si arriverà ad analizzare le funzioni più complesse ed elaborate messe a disposizione da Real Player SP®. In particolare vedremo come:

- effettuare il download e l'installazione di Real Player SP®;
- analizzare la struttura dell'interfaccia grafica del **Browser Media** di Real Player®;
- utilizzare la **Libreria personale di Real Player®** e le sue funzioni principali;
- utilizzare la funzione **RealPlayer Downloader®** che permette di usare Real Player® per scaricare, video da Internet;
- utilizzare la funzione **RealPlayer Converter®** che consente di:
  - ➢ Preparare i file per il trasferimento a un dispositivo portatile ed eventualmente

copiare gli stessi direttamente su più dispositivi;

➤ estrarre e salvare l'audio di un file video;

➤ comprimere file audio.

➤ modificare la qualità di clip audio e video;

• utilizzare le funzionalità necessarie per la masterizzazione di CD audio e dati personalizzati;

Nella guida non verranno trattate le funzionalità offerte da **Real Player SP Plus** (versione a pagamento del software Real)

Convenzioni adottate

Nella stesura dell'opera sono state utilizzate alcune convenzioni che, oltre a rendere più lineare lo sviluppo del testo, dovrebbero permettere al lettore una più rapida comprensione delle tematiche e delle procedure trattate. I titoli di menu, comandi, pulsanti e finestre di Real Player SP® e i riferimenti alle figure sono evidenziati in grassetto. Alcune parti del testo, inoltre, saranno evidenziate da apposite icone.

Attenzione: Accanto all'icona attenzione vengono riportate indicazioni sulle procedure ritenute più impegnative

 Nota: Accanto all'icona nota verranno riportate indicazioni integrative rispetto all'argomento trattato.

Download ed installazione di Real Player SP®

In questo capitolo vedremo come effettuare il download dei file necessari per l'installazione di Real Player SP®. Sempre in questa sede verranno illustrate le procedure da seguire per una veloce installazione Real Player SP®.

 *Tutte le procedure illustrate nei due paragrafi successivi sono valide per computer con installato il sistema operativo Windows 7. Tuttavia esse, seppur con minime variazioni, sono applicabili a tutte le versioni del sistema operativo Microsoft Windows® dalla versione XP in poi.*

Download di Real Player SP®

Possiamo scaricare il file d'installazione di Real Player SP® dal sito http://it.real.com. Il download di Real Player SP® è libero e non necessita di registrazione al sito Real. L'utilizzo del software nella versione SP è concesso in licenza gratuita c senza limitazioni di tempo. Una volta aperta l'home page del sito Real clicchiamo sul link **RealPlayer** (visibile in alto a sinistra). Nella nuova pagina che verrà visualizzata dal browser internet clicchiamo sul link **Scarica Real Player SP Gratis** (visibile al centro della pagina). Windows® visualizzerà la finestra di download. Clicchiamo su **Salva**, quindi selezioniamo il percorso di destinazione per il file che stiamo scaricando e confermiamo cliccando ancora una volta su **Salva**. A questo punto non ci rimane che attendere il termine del download e l'apertura della finestra di **Download completato** da parte di Windows®.

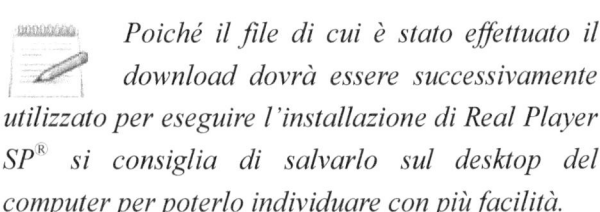 *Poiché il file di cui è stato effettuato il download dovrà essere successivamente utilizzato per eseguire l'installazione di Real Player SP® si consiglia di salvarlo sul desktop del computer per poterlo individuare con più facilità.*

Requisiti di sistema richiesti

- Windows XP Service Pack 3 o successivo, oppure Vista Service Pack 1 o successivo, Windows 7
- Internet Explorer
- Processore da 1,4 GHz o superiore
- 512 MB di RAM per Windows XP con Service Pack 3
- 1 GB di RAM per Vista Service Pack 1 o Windows 7
- 80 MB di spazio disponibile su disco
- Adobe Flash Player 9 o versioni successive
- Il download di video è compatibile con Internet Explorer 6.05 o successivo, FireFox 2.0 o successivo e Google Chrome 1.0 o successivo.
- Masterizzatore DVD compatibile (interno o esterno) (opzionale)

Installazione di Real Player SP®

Dopo aver effettuato il download dell'ultima versione di Real Player SP® dal sito Real passiamo all'installazione del software sul nostro computer.

Per far partire la procedura d'installazione, individuiamo il package di installazione di Real Player SP® (quello appena scaricato dal sito Real) e operiamo un doppio clic su di esso. Attendiamo l'apertura della finestra di **Installazione di RealPlayer**.

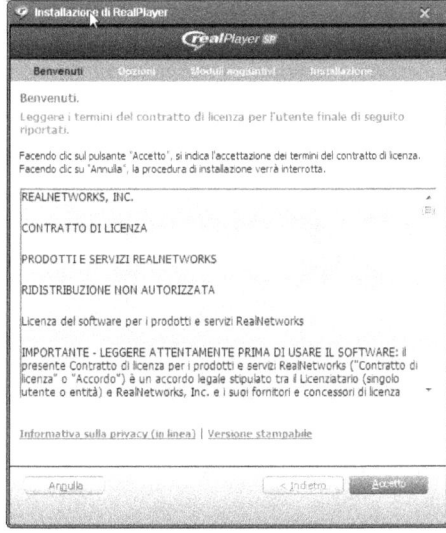

Figura 1: Wizard d'installazione

A questo punto seguiamo passo passo il wizard d'installazione proposto a video. Rispondiamo alla prima schermata cliccando su **Accetto.**

Il wizard proseguirà proponendoci una nuova schermata:

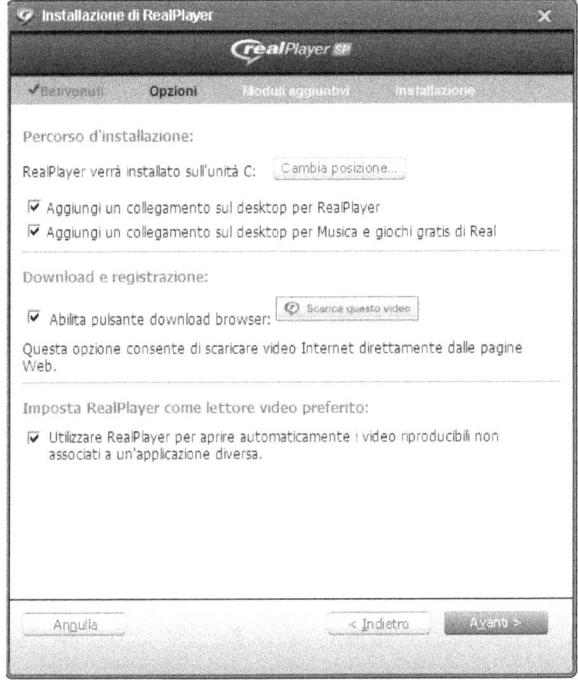

Figura 2: Wizard d'installazione

Confermiamo le opzioni già selezionate cliccando su **Avanti.**

Nella successiva schermata:

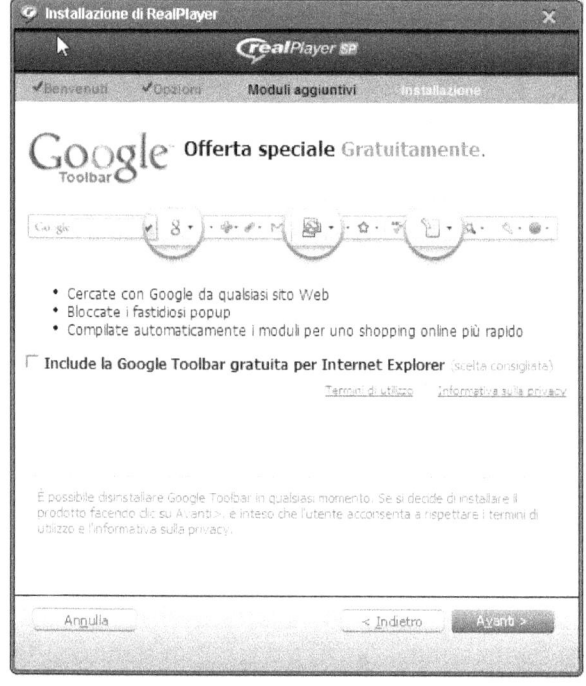

Figura 3: Wizard d'installazione

deselezioniamo l'opzione **Include la Google toolbar gratuita per Internet Explorer** e confermiamo la nostra scelta cliccando su **Avanti.** Attendiamo il completamento delle operazioni di installazione che dovrebbero durare qualche minuto.

Nella barra **Installazione in corso** possiamo osservare l'avanzamento percentuale dell'installazione.

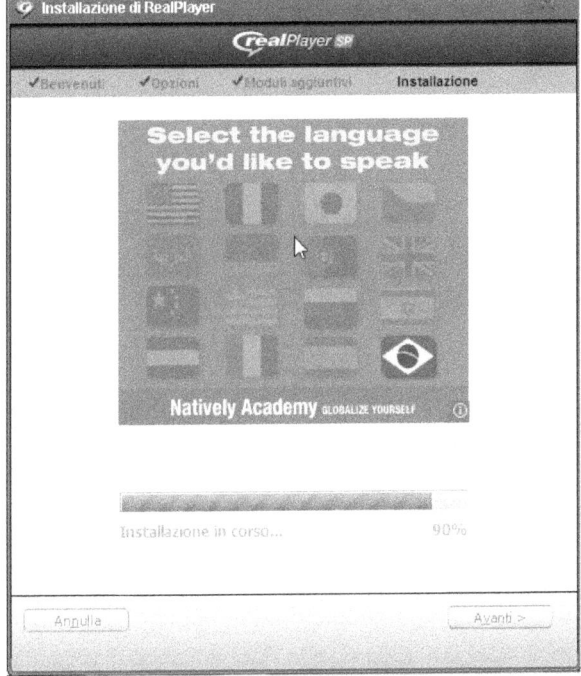

Figura 4: Wizard d'installazione

Nella successiva finestra selezioniamo l'opzione **RealPlayer Basic** (gratuito) e clicchiamo su

continua per dare conferma. Attendiamo il completamento delle operazioni di installazione.

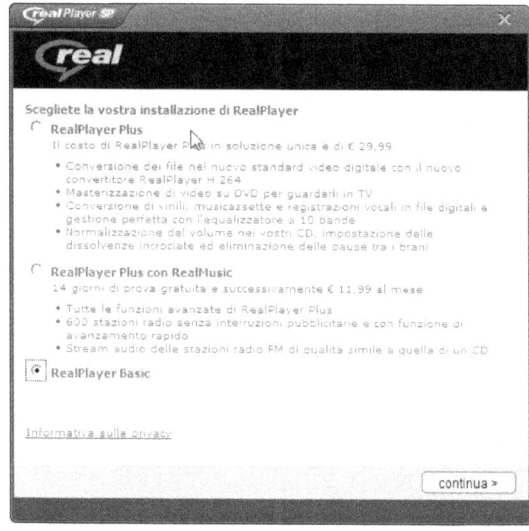

Figura 5: Wizard d'installazione

L'interfaccia del Browser Media di Real Player®

In questo capitolo esploreremo l'interfaccia grafica del **Browser Media** di Real Player SP® con lo scopo di iniziare un processo di familiarizzazione col software. Il browser media corrisponde all'area di visualizzazione di RealPlayer. Per intenderci, con **Browser Media** indichiamo la finestra principale che Real Player SP® presenta alla sua apertura.

Figura 6: Browser Media di Real Player

Apertura di Real Player SP®

Per accedere al **Browser Media** di Real Player Sp®
da Windows® andiamo a **Start** → **Tutti i
programmi** → **Real** → **RealPlayer Sp.** Il software
presenterà a video la schermata del **Browser Media**
visibile in **Figura 6.**

Visualizzazioni Browser Media

Per il **Browser Media** possono essere selezionate
numerose tipologie di visualizzazione a seconda
delle selezioni effettuate. Tali visualizzazioni
consentono di accedere facilmente ai file
multimediali e alle varie funzioni di Real Player
SP®. Chiameremo barra delle visualizzazioni quella
indicata nella successiva figura.

Figura 7: Barra delle visualizzazioni Browser Media

Selezionando le varie visualizzazioni il **Browser
Media** cambierà modalità a seconda della funzione
selezionata. Per accedere alle funzioni del Browser
Media è necessario cliccare sul pulsante
corrispondente all'operazione desiderata:

- **In riproduzione**: apre la schermata **In riproduzione** che visualizza il video correntemente in esecuzione.
- **Libreria personale**: apre la pagina principale della **Libreria personale** dalla quale si può accedere alla raccolta di clip audio e video di RealPlayer.
- **Masterizza**: apre la pagina principale dell'area di masterizzazione dalla quale è possibile procedere alla masterizzazione di CD o DVD personalizzati.
- **Musica, Video, Giochi**: Visualizzano le aree web di Real Player dedicate rispettivamente a Musica, Video e Giochi.

 *Quando un file multimediale audio o video viene salvato sul computer con RealPlayer, viene aggiunto come clip multimediale alla Libreria personale.*

E' possibile cambiare le modalità di visualizzazione del **Browser Media** anche utilizzando le **frecce di navigazione**.

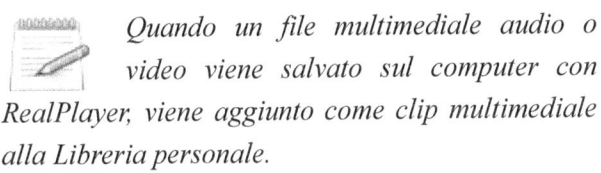

Figura 8: Frecce di navigazione

Le frecce **Indietro** e **Avanti** sono relative alla cronologia di visualizzazione. **Indietro** torna alla visualizzazione precedente del **Browser Media**. **Avanti** porta alla visualizzazione successiva del **Browser Media** visualizzata durante la sessione corrente di utilizzo. Se, durante la sessione corrente, non sono ancora state visualizzate pagine precedenti o successive, la relativa freccia rimane disabilitata.

Barra di navigazione del Browser Media

La barra di navigazione è disponibile solo nelle modalità di visualizzazione **Musica, Video e Giochi**.

Figura 9: Barra di navigazione

Il funzionamento della barra di navigazione è analogo a quello della barra di navigazione di **Internet Explorer**®.

❌	Interrompi caricamento
🔃	Aggiorna la pagina corrente
⌂	Home

La Libreria personale del Browser Media

La Libreria personale è un archivio contenente i file musicali, i video, i CD importati e i media provenienti da Internet.

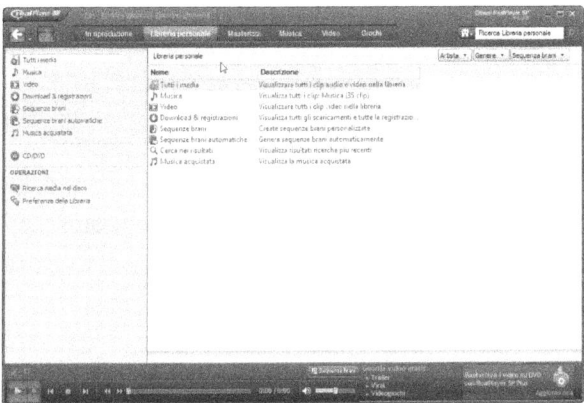

Figura 10: Libreria personale

Utilizzo della Libreria personale del Browser Media

La libreria permette di gestire tutte le clip salvate, importate o scaricate con Real Player®. Per effettuare un'operazione su una clip, selezioniamo, dalla barra laterale di sinistra, la categoria di appartenenza della clip (**Tutti i media**, **musica**, **video**, ecc.). La finestra centrale mostrerà l'elenco di tutte le clip appartenenti alla categoria selezionata. Evidenziamo la clip d'interesse e, sempre dalla finestra laterale, scegliamo una delle operazioni che vogliamo compiere sulla clip (**Riproduci**, **Aggiungi alla sequenza in riproduzione, Masterizza,…, Converti in,** ecc.).

Riproduzione di una clip

Per riprodurre una clip, dopo averla selezionata sulla **Libreria personale** basterà cliccare sul comando **Riproduci** che troviamo sulla barra laterale di sinistra.

Creazione e gestione di una sequenza di riproduzione

Real Player SP® permette la riproduzione di clip video e/o audio in sequenza. Per creare una sequenza di riproduzione (playlist), andiamo in visualizzazione **Libreria personale,** selezioniamo i brani che vogliamo inserire nella sequenza di riproduzione e clicchiamo su **Aggiungi alla**

sequenza brani. Nel menu contestuale che verrà visualizzato scegliamo **Aggiungi nuova sequenza brani**. Sarà visualizzata la finestra **Nuova sequenza brani**.

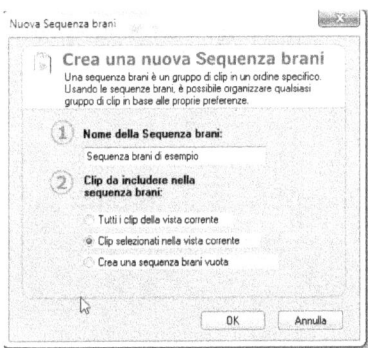

Figura 11: Finestra Nuova sequenza brani

In questa nuova finestra andiamo a scrivere il nome che vogliamo dare alla playlist che stiamo creando. Selezioniamo quindi l'opzione di inclusione dei brani: **Clip selezionati nella vista corrente** e clicchiamo su Ok.

*L'opzione di inclusione **Tutti i clip della vista corrente** permette di inserire alla playlist tutti i brani che erano visualizzati nella finestra centrale della **Libreria personale**. L'opzione **Crea una sequenza di brani vuota*** *permette di creare una playlist vuota a cui aggiungere i brani in secondo tempo.*

Una volta creata, la playlist verrà visualizzata nella finestra centrale della **Libreria personale**. Per iniziare la riproduzione della playlist basta fare un doppio clic sul brano da cui si vuole iniziare la sequenza di riproduzione. La sequenza di riproduzione appena creata rimarrà memorizzata e può essere recuperata selezionandola dal menu **Sequenza brani.**

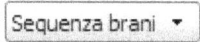

Figura 12: Menu di Sequenza brani

Aggiunta di brani alla sequenza di riproduzione

E' possibile aggiungere dei brani ad una sequenza di riproduzione già esistente. Per aggiungere uno o più brani ad una sequenza di riproduzione già esistente selezioniamo i brani che vogliamo inserire nella sequenza di riproduzione e clicchiamo su **Aggiungi alla sequenza brani.** Nel menu contestuale che verrà visualizzato selezioniamo il nome della playlist a cui vogliamo aggiungere il nuovo brano. Il brano verrà aggiunto alla sequenza di riproduzione selezionata che verrà visualizzata nella finestra centrale della **Libreria personale**.

 *In una sequenza di riproduzione possono essere inserite clip di diverso tipo. Possiamo ad esempio creare una sequenza di riproduzione che contenga sia clip video che clip audio.*

Condivisione di clip su Social Network

Real Player SP® permette la condivisione di clip video e/o audio sui più popolari social network (Facebook®, Twitter®, Youtube®, Myspace®) Per poter utilizzare la funzione è necessario essere iscritti al social network sul quale si vuole condividere il video. Per condividere una clip su un social network, andiamo in visualizzazione **Libreria personale,** selezioniamo il brano che vogliamo condividere, selezioniamo il social network sul quale si vuole eseguire la pubblicazione del brano e clicchiamo su **Pubblica in...**

Figura 13: Tasto pubblica su Social Network

Invio di clip via E-mail

Real Player SP® permette l'invio di clip video e/o audio via e-mail. Per inviare una clip via e-mail andiamo in visualizzazione **Libreria personale,** selezioniamo la clip che vogliamo inviare, selezioniamo **Condividi tramite email** e clicchiamo su **Condividi tramite Email.**

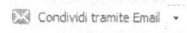

Figura 14: Condividi tramite Email

Verrà aperta una nuova finestra.

Figura 15: Finestra di invio clip tramite E-mail

Compilare i campi richiesti (E-mail dei destinatari, nome mittente, indirizzo E-mail mittente, eventuale messaggio di accompagnamento che si vuole inviare unitamente alla clip) e cliccare su Invia.

Taglierina di clip audio e/o video

Real Player SP® permette il taglio di clip video e/o audio consentendo di eliminare le parti meno salienti di una clip audio e/o video e lasciare le sezioni più importanti. Per effettuare il taglio una clip andiamo in visualizzazione **Libreria personale,** selezioniamo la clip su cui vogliamo operare dei tagli e clicchiamo su **Taglia video o audio.**

Figura 16: Pulsante Taglia

Verrà aperta la finestra **Taglierina di RealPlayer**.

Figura 17: Taglierina di RealPlayer

Vediamo come utilizzare la **Taglierina di RealPlayer** per effettuare dei tagli su un file video. Trascinando il cursore arancione visibile nella barra di avanzamento video individuiamo il punto da dove vogliamo far iniziare il nostro filmato. Spostiamoci col mouse sullo schermo di visualizzazione video e clicchiamo su **Imposta inizio.** Trasciniamo ora il cursore arancione visibile nella barra di avanzamento video fino ad individuare il punto dove vogliamo far terminare il nostro filmato. Spostiamoci col mouse sullo schermo di visualizzazione video e clicchiamo su **Imposta fine.** Il riquadro grigio visibile sulla barra di scorrimento individuerà la parte di filmato che non stiamo tagliando.

Figura 18: Clip tagliata

Clicchiamo su **Play** (freccia cerchiata di verde) per visionare il risultato del taglio effettuato. Infine, se il risultato ci soddisfa clicchiamo su **Salva taglio** per salvare il filmato tagliato.

 Il salvataggio del filmato tagliato viene effettuato su un nuovo file e non va a sovrascrivere il file di origine che rimane inalterato.

 *Lo strumento **Taglierina** di RealPlayer permette anche l'estrazione di singoli fotogrammi del video. Per estrarre il singolo fotogramma di un video e salvarlo in formato jpg, selezionare il fotogramma da salvare, spostarsi col mouse sullo schermo di visualizzazione video e cliccare su **Salva immagine.***

In maniera del tutto analoga è possibile tagliare una clip audio. Trascinare il lato sinistro e destro della maniglia del riquadro grigio fino a delimitare la parte di clip da lasciare inalterata.

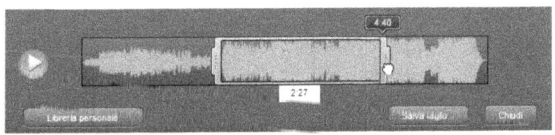

Figura 19: Taglio di una clip audio

Clicchiamo su **Play** per ascoltare il risultato del taglio effettuato. Infine, se il risultato ci soddisfa clicchiamo su **Salva taglio** per salvare la clip audio tagliata.

Equalizzatore

Real Player SP mette a disposizione dell'utente un comodo equalizzatore grafico a 3 bande utilissimo per la regolazione del flusso audio un uscita. Per accedere all'equalizzatore fare clic su **Strumenti** -> **Equalizzatore.** Verrà visualizzata la finestra **Equalizzatore grafico.**

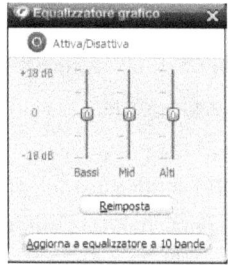

Figura 20: Equalizzatore grafico a 3 bande

Per regolare il flusso audio secondo le nostre preferenze basta agire sui tre cursori di regolazione.

Real Player Downloader

La funzione **Real Player Downloader** identifica i video integrati in siti Web. Quando ci troviamo su di un sito in cui è integrato un video, passando col mouse sull'anteprima del video, la funzione **Real Player Downloader** interverrà mostrando sullo schermo il pulsante **Scarica questo video**.

Figura 21: Funzione Real Player Downloader in azione

Scaricare video usando il Downloader

Per scaricare un video integrato in una pagina web cliccare sul pulsante **Scarica questo video**.

Verrà aperta la finestra **Real Player Downloader** che mostrerà l'avanzamento del download del video in questione.

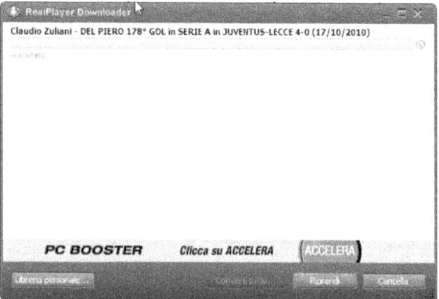

Figura 22: Real Player Downloader

Al termine del download, il video verrà salvato sul proprio disco rigido locale ed inserito nella categoria della **Libreria personale** alla categoria **Download e registrazioni**.

Real Player registra l'intero video indipendentemente dal momento di avvio della registrazione.

Real Player Downloader supporta la funzione di ripristino download interrotto. E' quindi possibile interrompere il download in corso ed eventualmente riprenderlo in seguito dal punto in cui lo si aveva lasciato.

Real Player Downloader dà la possibilità di effettuare più download in contemporanea. Durante il download è possibile continuare a lavorare normalmente, tuttavia l'impostazione di molti download contemporanei influisce sull'occupazione della banda internet rendendo notevolmente lenta la navigazione.

 La funzione Real Player Downloader è attiva nel browser Web anche se RealPlayer non è in esecuzione.

Al termine del download nella finestra di **Real Player Downloader** viene visualizzata l'icona di anteprima del video scaricato. Per mandare in esecuzione il video basta cliccare sull'icona stessa.

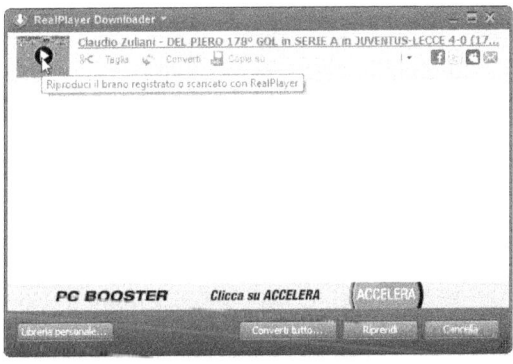

Figura 23: Real Player Downloader

Copia di video su dispositivi portatili

Al termine del download nella finestra di **Real Player Downloader** viene visualizzato un elenco di azioni che è possibile eseguire sul video appena scaricato.

Figura 24: Funzione di copia su dispositivi portatili

Tra queste analizziamo la funzione **Copia su** che permette di copiare il video su un dispositivo di riproduzione portatile. Per copiare il video, appena scaricato, su un dispositivo di riproduzione portatile occorre collegare il dispositivo portatile al computer in uso, cliccare su **Copia su** e selezionare il dispositivo. A questo punto il file verrà convertito nel formato necessario per poterlo visualizzare sul dispositivo selezionato e trasferito sullo stesso.

Taglio di clip audio e/o video

Al termine del download nella finestra di **Real Player Downloader** viene visualizzato un elenco di azioni che è possibile eseguire sul video appena scaricato.

Tra queste segnaliamo la funzione **Taglia** che permette di inviare il video appena scaricato alla **Taglierina di RealPlayer**.

Figura 25: Funzione di copia su dispositivi portatili

Il funzionamento della **Taglierina di RealPlayer** è stato ampliamente illustrato nel capitolo precedente.

RealPlayer Converter

L'applicazione **RealPlayer Converter** consente di preparare i file per il trasferimento a un dispositivo portatile, estrarre l'audio da un file video, ridurre la quantità di spazio su disco occupata dai file audio e video, modificare il livello di qualità dei clip audio e video. Nei paragrafi successivi andremo ad illustrare le procedure da applicare per eseguire tutte queste operazioni.

Figura 26: RealPlayer Converter

Conversione di clip multimediali

Per convertire una clip audio e/o video in un formato diverso da quello di partenza, selezionare la clip nella **Libreria personale**, fare clic su **Converti** nella barra laterale. Verrà aperta la finestra di **RealPlayer Converter** con la clip selezionata già inserita nella coda di conversione.

Figura 27: RealPlayer Converter

A questo punto è necessario scegliere un dispositivo per il quale effettuare la conversione. Per scegliere il dispositivo, fare clic sul pulsante argentato

Converti in. Verrà aperta la finestra **Seleziona un dispositivo:**

Figura 28: Seleziona dispositivo

Clicchiamo sul tasto grigio in alto a destra e scegliamo, tra varie tipologie di dispositivi, quello per il quale effettuare la conversione. Quindi clicchiamo su **Ok** e successivamente sul tasto **Avvia** della finestra principale di **RealPlayer Converter.** La conversione della clip sarà terminata nell'arco di alcuni minuti. Le clip convertite saranno visualizzate nella stessa posizione della clip originale. Qualora avessimo la necessità di convertire il file di partenza in un formato personalizzato è possibile scegliere tutti i parametri di conversione cliccando sul tasto

Personalizza della finestra **Seleziona un dispositivo.** Il formato personalizzato ci permette di impostare, a nostro piacimento, tutti i parametri di conversione.

Figura 29: Aggiungi Profilo personalizzato

Selezionando il formato **Solo audio** nella scheda **Dettagli Video** sarà possibile estrarre l'audio da una clip video. Agendo sui parametri di **Qualità** audio e video e sulla **Risoluzione** video sarà possibile modificare il livello di qualità e lo spazio occupato su disco rigido dalle clip stesse. A minor qualità e risoluzione corrisponde minore spazio occupato sul disco.

Masterizzazione di Cd audio e dati

Real Player SP[®], offre la possibilità di masterizzare CD audio personalizzati che, successivamente, possono essere riprodotti su un qualsiasi lettore CD standard. Per eseguire la masterizzazione di un CD audio seleziona la modalità **Masterizza** nella finestra principale del **Browser Media** che verrà visualizzato in modalità masterizzazione.

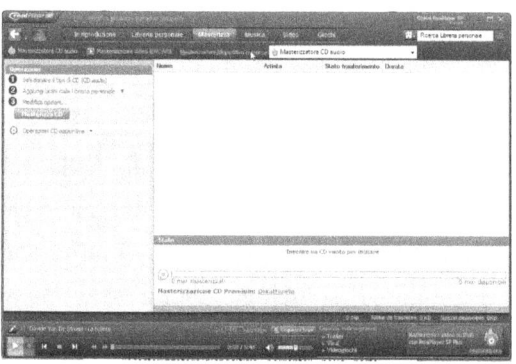

Figura 30: Browser Media in modalità masterizza

Andiamo al menu a discesa di selezione **Masterizzatore/Dispositivo corrente** e selezioniamo **Masterizzatore CD audio.** Viene visualizzata la pagina Masterizzazione CD. Inseriamo un disco vuoto nell'unità di masterizzazione CD. Clicchiamo su **Seleziona tipo CD** per scegliere se creare un CD audio, un CD MP3 o un CD dati. Verrà visualizzata la finestra di dialogo **Tipo CD**.

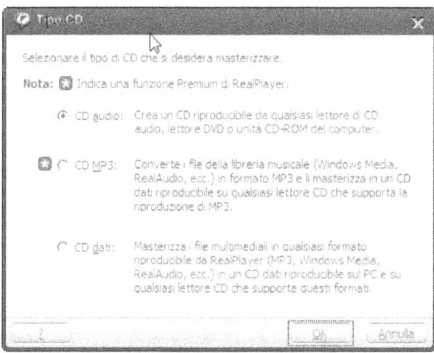

Figura 31: Tipo CD

Scegliamo la tipologia di CD che vogliamo masterizzare e confermiamo cliccando su **Ok**. Proseguiamo cliccando su **Aggiungi brani** dalla **Libreria personale**. Verrà visualizzato un pannello navigabile nel quale selezionare le clip desiderate. Per aggiungere i brani alla coda di masterizzazione, selezionare le clip e fare clic su **Aggiungi selezione a CD**. Le clip selezionate verranno visualizzate nella

coda con lo stato **Pronto per la masterizzazione**.
Per eliminare un brano, inserito erroneamente nella
coda di masterizzazione, fare clic con il pulsante
destro del mouse sul file e selezionare **Elimina**. Se
in coda si trovano clip in eccesso, verranno
etichettate come **Spazio insufficiente** e non
potranno essere masterizzati su disco. Prima di
procedere con la masterizzazione clicchiamo su
Modifica opzioni. Verrà visualizzata la finestra
Opzioni CD da dove sarà possibile visualizzare o
modificare le opzioni predefinite e il Testo CD.

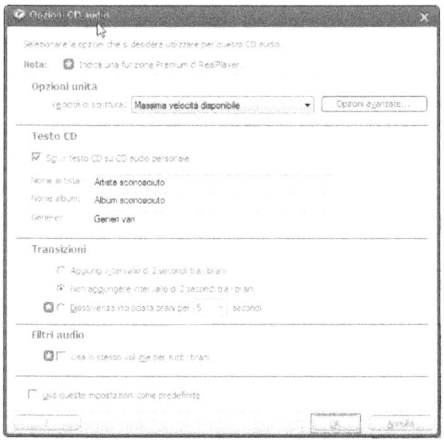

Figura 32: Opzioni CD audio

Effettuiamo le impostazioni desiderate per le
preferenze e il Testo CD e clicchiamo su Ok.

Effettuate tutte queste operazioni non ci rimane che fare clic su **Masterizza CD**. Real Player avvierà il processo di masterizzazione del disco. Al termine della masterizzazione il disco sarà espulso automaticamente.

Masterizzazione di Video CD

Real Player SP®, offre la possibilità di masterizzare CD video personalizzati in formato VCD. I VCD masterizzati con **Real Player SP®** possono essere riprodotti su un qualsiasi lettore DVD standard.

 La masterizzazione di CD in formato SVCD e la masterizzazione di DVD sono possibili solo con la versione Plus di **Real Player SP®** *(a pagamento).*

Per eseguire la masterizzazione di un VCD seleziona la modalità **Masterizza** nella finestra principale del **Browser Media** che verrà visualizzato in modalità masterizzazione.

Figura 33: Browser Media in modalità masterizzazione

Andiamo al menu a discesa di selezione **Masterizzatore/Dispositivo corrente** e selezioniamo **Masterizzatore Video (DVD/VCD).** Viene visualizzata la pagina Masterizzazione CD Video. Inseriamo un disco vuoto nell'unità di masterizzazione CD. Proseguiamo cliccando su **Aggiungi brani** dalla **Libreria personale**. Verrà visualizzato un pannello navigabile nel quale selezionare le clip desiderate. Per aggiungere i brani alla coda di masterizzazione, selezionare le clip e fare clic su **Aggiungi selezione a CD**. Le clip selezionate verranno visualizzate nella coda con lo stato **Pronto per la masterizzazione**. Per eliminare una clip, inserita erroneamente nella coda di masterizzazione, fare clic con il pulsante destro del mouse sulla clip e selezionare **Elimina**. Se in coda si trovano clip in eccesso, verranno etichettate come **Spazio insufficiente** e non potranno essere masterizzate su disco. Effettuate tutte queste operazioni non ci rimane che fare clic su **Masterizza Video su disco**. Real Player avvierà il processo di masterizzazione del disco. Al termine della masterizzazione il disco sarà espulso automaticamente.

www.ingramcontent.com/pod-product-compliance
Lightning Source LLC
Chambersburg PA
CBHW051256170526
45165CB00004B/1734